Daddyイシカワの
身体づくりトレーニング

～ 健康と容姿・見た目が一番です ～

石川栄一 著

目次

何をやってきたかは
事実結果が示す通り

仕事は

2000年　体重58.5kg

はじめに

これは想定論ではなく、毎日トレーニング現場で行われている事例研究の一部です。決して肩書きや資格のある専門家の請負い話ではありません。

一部一部が、入念な実験と合理的観察を繰り返し行って組み立てられた、合理的メソッドです。

皆様のトレーニングの新しい知識としてご活用頂ければ幸いに思います。

Daddyイシカワ

ごあいさつ

　みなさんはじめまして。簡単に自己紹介と本の内容を説明します。私はDaddyイシカワと申します。宮城県東松島市（松島基地の近く）でトレーニングジムを運営しております。

　ジムを開設したのは1987年。1956年に石巻市で生まれ、本書を著した2023年で67歳になりました。

　トレーニングには10代の頃から取り組んでおりましたが、それは怪我の回復のためのものであり、筋トレとは程遠く悲惨な状況で行っていました。人並みに走れるようになってから、思い切って自衛隊に入隊し、体を鍛えることを決意。体力がつき、体力測定で2級に認定されました。その後、除隊して上京し、アルバイト先で知り合った前川君（当時、国士館大学3年）に誘われ、スクワット超健康法で有名な野沢秀雄先生率いる「健康体力研究所」が主催するトレーニングセミナーに参加しました。私の運命スイッチが入った瞬間でした。

　その時ゲストで招かれていたのが、当時のミスターユニバースチャンピオンの須藤孝三選手だったのです。私が10代の頃に観た映画の『燃えよドラゴン』の主役ブルース・リーを彷彿とさせる風貌と完璧な肉体を目の当たりにし、

心の中で思わず「本物だ！」と叫びました。あの衝撃を心の奥底に宝物のようにしまって、1年後に帰郷しました。

　それから、本物の肉体を手に入れようと筋トレを開始。今のようにインターネットで情報が簡単に手に入る時代ではなかったため、月刊ボディビル誌や季刊誌の健体ニュースを読みあさりました。休日には仙台に出向き、丸善書店の洋書コーナーで本を探すほどでした。当然時間がかかり、金銭的にも苦労しました。

　一方、現代では素質と条件が整えば1〜2年で優勝する方もいます。しかし、誰もがその「素質」を持ち、「条件」を満たせるというわけではなく、更に優勝したからといってすぐ仕事として携わるのは無茶かもしれません。特定の人達だけを指導するなら可能かもしれませんが、やはり経験を積みながら勉強していくことが大切です。

　今まで一人ひとりに携わってきて気付いたことをアドバイスさせていただきますが、人間ほど個体差が多様な動物は存在しません。ある程度の傾向はあるものの、実は「個体差が大きい」ということ自体が人間本来の強さになっていることは事実です。また、人間ほど変われる動物もいません。どんな環境だろうと適応して生きていけるのが人間なのです。

　この本では、そんな経験学上の物を個別化して小出しにしています。大変読みづらくなっておりますが、1ページ

ずつゆっくりご覧ください。まだまだITGメソッドは進化の途中であり、本書に掲載したものはほんの一部です。本に書いてスキルを説明することの難しさを今回初めて知りました。トレーニングフォームや反復スピード、インターバルのタイミングと負荷、スタンスやグリップ幅など、まったく説明できていませんでした。本来これらが一番大事なのですが、先ほど記したように、個人差（癖）があり、本に記載するにあたっての限界を感じました。後は皆様自身で体感して感覚をつかんでいただきたいと思います。

　長々と申し訳ありません。少しでも皆様のトレーニングのお役にたてば幸いです。

　　　　　　　　　　　　　　　　　　Daddyイシカワ

ITG トレーニングメソッド

ITG Training Method

◎ベーシックトレーニング（基礎体づくり）

Basic Training (Body Fundamentals)

★短縮性直伸張性負荷トレーニング

（プロポーションづくり〜ボディビルディング）

Short burst direct tensile load training
(Forming proportions ~ bodybuilding)

★拮抗反射反応刺激トレーニング

（競技スポーツのパワーアップ〜メンテナンス）

Antagonistic reflex reaction stimulus training
(Improving for sporting competitions ~ maintenance)

★ITG オリジナルメソッド

ITG original method

ITGメソッドの趣旨

１．機能性を有した筋力の向上。

２．短時間でトレーニングを終える。

３．運動やトレーニングで招いた筋疲労を瞬時に軽減させる。

４．スポーツの現場においてパフォーマンスの低下を瞬時に取り戻す。

５．肩こり、腰痛、梗塞などによる筋肉の緊張を和らげる運動。

６．個人の体の特性を踏まえ、体型にあったプロポーショントレーニングを行う。

（What is ITG メソッド？）

ITG メソッドの原点

　目的を持ちトレーニング成果を確実にあげたい人は「道理的感性」を養うことです。それには物事の成り立ちや仕組みを考えてから取り組むこと、更に「時間に追われることでスピード感に慣れる」。集中力や効率性と正確性も身につくことでしょう。

　私は、スピード感の中で新しい技が生まれ、スキルが高まるものと確信しています。ITG メソッドは必然性の中から編み出されたものばかりです。

ITG
バーチカルスタンド
ニーアップ

トレーニング効果には個人差がある

トレーニング効果には個人差があります。そのひとつの要因として「運動神経」が挙げられます。効果を感じないなどと、トレーナーに文句を言う前に、ご自分の運動神経をチェックしておいた方が良いでしょう。

これから運動神経のチェック方法をご紹介します。ぜひご自分の運動神経を把握してみてください。たとえうまくできなくても、ポイントを理解して練習すれば誰でもできるようになりますので頑張ってください。運動神経チェックはスムーズにできるようになって人並み。ここからが身体づくりのスタートです。

さあ運動神経をチェックしましょう

ベントオーバーの姿勢がとれますか？

1. 腰を引きながら前傾になる。
たったこれだけです。

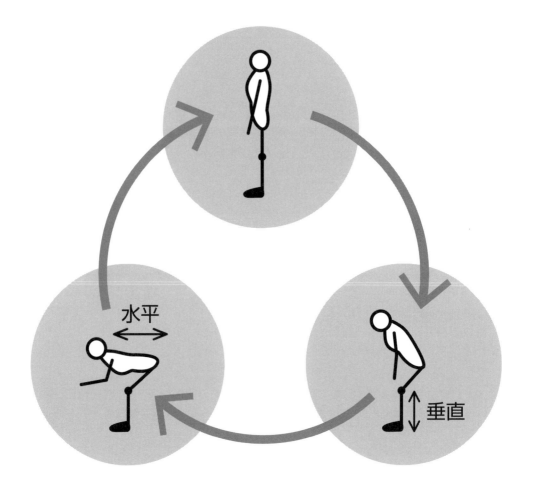

Point

1. 胸を張り、背筋を伸ばしながら（出尻で）腰を引きます。
2. 1と同時に、膝は少し曲げ、足首よりも前に出ないように膝下垂直をキープしながら反復。3回位繰り返します。

さあ運動神経をチェックしましょう

正しい腕立て伏せをしてみよう。

Aは軸足、**B**は送り足。

手をついたら送り足**B**の位置へ素早く**A**の軸足を揃えます。

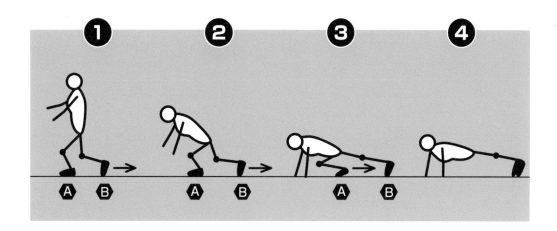

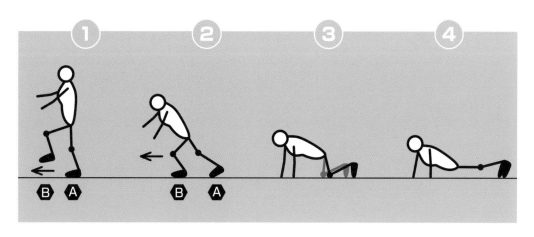

前方に踏み出す　　両膝を床についてしまう　　反り腰になってしまう

手の位置

胸と肩を強化する腕立て伏せ　　腕を強化する腕立て伏せ

手幅は肘の位置

肩幅の位置　　膝をついて

足の位置

脚を開くと腰への負担が軽減

足首を絡めて膝を伸ばすと腰への
負担が減り胸に直接刺激が伝わる

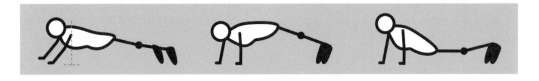

 手の位置が
前すぎる

 腰が上がり
すぎる

 腰が反り
すぎる

肩から垂直に下ろした　　腰はまっすぐになった
あたりに手を置くとGood　　状態がGood

美しい体づくりのために

① 美しいトレーニングフォームが美しい体をつくる。

② ウェイトの重さや反復回数よりも、器具を戻す際の動作が大事、その人の人格が表れる。

③ 軌道の確保と途切れない動きが大切、等速性の原理。

④ 歳を重ねるほど、飾らない美しさが必要だ、必要外の物は身につけない。

⑤ 人は見かけで判断できないが、体は見た目通りだ。

⑥ 美しいしなやかな筋肉で身をまとう。

⑦ 鍛えた筋肉の機能的な美しさこそブランドだ。

さあ、美ボディづくりの本番です

この本は幅広い層の方達に読まれること
と思います。そこで、初心者の方もでき
るものからスタートしていきますが、そ
の中に上級者の方のヒントとなるポイン
トを織り交ぜていきます。

パーツ（部位別）トレーニング

これは針に糸を通してから刺繍をするの
と同じイメージで捉えてください。先ず
針に糸を通す。ここで言う「糸」とは神
経のことです。神経の切れた状態でいく
らもがいても、ただの運動で終わってし
まいます。
※糸を通すとは、ウェイトを支えている
筋肉が動作中に短縮性か伸張性かを感じ
とれていることを意味します。

動的ストレッチ、静的ストレッチ

1. まずはこれを行ってから

壁に手をつき両足で
踵の上下運動20回

Aは動的ストレッチ、**B**は静的ストレッチ

Ⓐ 爪先パタパタ
10回

Ⓑ アキレス腱を
伸ばす

左足　右足

どちらかの
足が重く感じる

左足　右足

右足　左足

壁に手をつき片足で
踵の上下運動6回

足を替えて
6回

足を入れ替えて同じストレッチを行います

Point

1. 左右どちらかの足が重く感じるかを感じ取ってください。
2. ストレッチの効能を、左右の反応の違いで感じとること
　ができます。

21

中級者〜上級者
効かせ方のポイントと連鎖

種目の組み合わせとインターバルのとり方が重要なポイントになりますが、下記の事項が行えることが前提です。

1．重量の設定が適切である。

2．グリップの握り方を種目に応じて変える。

3．反復スピードのコントロール。

4．ウェイトを戻す際に伸張性の意識ができる。

1〜4はすべて必然的に等速性に近いトレーニング動作になります。

「美しいトレーニングフォーム」が「美しいボディをつくる」ことを意味しています。

※人は見かけによらないこともありますが、体はまさに見た目通りです。トレーニング中の体の動きや癖は、その人の人格が表れるものですから注意が必要です。

上腕三頭筋の効かせ方（通称ふりそで筋）

A．ナロウプッシュアップ

初心者

中級者以上

1．手をつく位置は「みぞおち」の下。
手幅は10cm位。初心者は膝をついてもOK。
中級者以上は膝を伸ばして行います。

2．回数は10回以上繰り返せれば上々です。

3．中級者以上の方は膝を伸ばしたまま20回以上を目標にしましょう。

B．チューブを使ってのエクステンション～キックバック

1．頭より少し高い位置にチューブをひっかけて肘を伸ばしたまま体側
までひっぱって「気をつけ」の姿勢からスタートします（チューブ
の長さは無理のない強さに調整してください）。

2．肘を支点にし、左右の腕で交互にチューブを伸ばします。20回位。
連続して、両腕で一緒に10～20回位。

Point 肘と膝の位置を固定して反復を繰り返すことがポイントです。

B'．ベントオーバー チューブキックバック

1．チューブを踵で踏み込み、上半身が
水平になるように前傾姿勢をとります。

2．肘は水平をキープしたまま、
肘から先を水平まで伸ばします。20回位。
連続して、両腕で一緒に20回位。

★AとBまたはAとB'を

交互に2～3セット（スーパーセット）繰り返します。

1993 年 カレンダーの写真

上腕二頭筋の効かせ方（糸の通し方）

1. ウォームアップ

   軽めのバーベルを使って
   カールを10〜15回行います。
   初心者は10kg〜15kg
   上級者は15kg〜20kg
   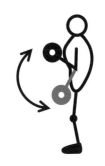 ここでバーベルの重さと効き方を感じ取りましょう。

2. 本番

   チューブサムアップカール
   交互に20回 + 連続して
   両腕一緒に10回

   チューブ
   を固定

   どちらかの
   方法でOK

   自分でチューブ
   を踏み込んで

   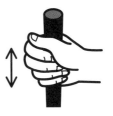 チューブは親指を上にして握り、
   できるだけ垂直方向に上下させます。

3. バーベルカール

   ウォームアップと同じ重さの
   バーベルをカールします。
   10〜15回位
    ウォームアップ時の感じ方とは
   まるで違う効き方に驚くことでしょう。

★ **2. 3.** を交互に2〜3セット繰り返します。

胸の効かせ方

胸の発達と形をつくる上で一番考慮する点は、何と言っても骨格に応じたトレーニング種目を選ぶことです。私自身大変苦労した部位です。ここでは初心者と中級者を対象とした一例をあげます。

A．プッシュアップ（腕立て伏せ）　手の幅がポイントです。

1．一般的には肩幅と肘幅（横に開いて）の中間の位置に手をつきます。

ワイドプッシュアップ

正面　　　　　　　手は肩の位置の真下

2．胸を床の2cm手前位まで降ろします。10〜20回位またはオールアウト（限界）まで頑張りましょう。

B．ナロウプッシュアップ（手幅が10cm位）

三頭筋の強化
（事前疲労させる）

1．回数はオールアウトまで

初心者は膝をついてもOK

10cm幅

★AとBを2〜3セット交互に行います。（初心者）

※中級者以上は、上記を行った後で更にダンベルプレスやダンベルフライ〜ケーブルクロス〜プッシュアップと追い込むとよい。

※マシン等を利用する際は、自分の体格に合ったマシンを選ぶことが必要かつ大切です。

肩の効かせ方 （サイドに張り出した丸みのある肩）

A．ウォームアップとチェック＿ダンベルプレス

1．交互にプレス10回
2．両手一緒に10回

 肘から上は垂直を維持し
弧を描きながら上下させます

B．チューブサイドレイズ

1．前腕は水平をキープしたまま上腕（肘上）は体側に添うように上下させます
2．回数はオールアウトまで反復

  チューブは足で踏み込み
クロスさせて握ります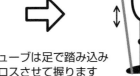

B'．ダンベルサイドレイズ

1．前腕は水平をキープし、ダンベルは手首の力を抜いてつまむように
2．上腕（肘上）は体側に添うように上下させます
3．回数はオールアウトまで反復

  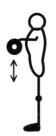 

★**A**と**B**または**A**と**B'**を交互に2〜3セット繰り返します。（初心者〜中級者）

　レイズ系のトレーニングは肩の高さ以上に上げる必要はありません。

背の効かせ方（初心者〜中級者）

A．チューブベントオーバーリヤレイズ

1．ストレートアーム（肘を曲げない）で上半身は水平を維持

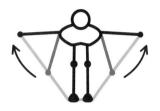  

チューブをクロスして

B．ワンハンドベントローイング

①ベンチに対し前傾になり片手をついて
②ダンベルを肩甲骨を寄せるように引き上げます
③左右各10回位を1セットとし3セット

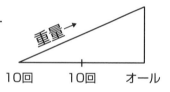

重量→

10回　　10回　　オール

Point
ダンベルの重量を徐々に
上げていきましょう

C．チンニング（懸垂）

①アンダーチンニング（逆手）
　グリップは肩幅より少し狭くと
　ります。10回〜オールアウト

②ワイドチンニング（順手）
　グリップは肘を横に張って90度
　に曲げた位置にとります

脚の効かせ方（初心者〜中級者）

A．半歩ランジェ

①足を前後に半歩開き、
　スタート時は膝を少し
　曲げた状態で伸ばしき
　らないで下ろします。

②下ろす目安は、
　後ろ膝が90°の
　ところまで下ろ
　します。

左右20回ずつ（片側20回）

B．ケトルベルワイドスクワット

①10kg〜12kgのケトルベルを持って。
②足幅は50cm〜60cmに開きます。
③爪先は45°外へ開き、膝も爪先方向に
　向けます。
④立ち上った状態でも膝は伸びきらない
　ように。
　20回を目安に2〜3セット

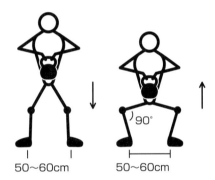

C．ITGバードナロウスクワット

①半身を水平に保ち、ダンベルか
　ケトルベル8kg〜12kg位を1
　個、両手で腰の位置に乗せた状
　態で屈伸します。

②下では膝の角度が90°まで下げ
　ます。上では膝は伸びきらない
　ように。
　10回〜20回を2〜3セット

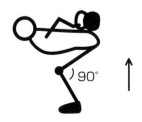

さて、いよいよお待ちかねの中級者〜上級者用ITGメソッドのご紹介です

この本でご紹介するスキルは限られたごく一部のものです。この中から読者の皆さんが必要とするヒントを探り、ご自身のトレーニングに役立てていただけたなら幸いです。

あとは直接当ジムにお越し頂いて体験されることをおすすめします。

特に、現在リハビリに通っている方で改善の兆しが見られない方には、是非一度お試し頂きたいと思います。これは医療行為ではなく、あくまでもトレーニングの一環として捉えていただくことを条件とします。

それでは、ボディビル〜フィジークの共通箇所から説明し、トレーニングをしていきましょう。

バーベルプッシュプレス

男子ボディビル〜フィジーク（肩）
自然体による共通点（丸みのある肩と横の張り出し）

①シーテッドラットプルダウンビハインドネック（後）
※ニュートラルストレッチ

②ダンベルビハインド
　ネックプレス2セット

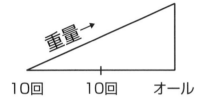

③バーベルカール軽め（二頭筋）
　20回

④バーベルアンダープレス
　1セット10回

連続

⑤アーノルドプレス
　交互に　1セット10回

⑥ベントアームサイドレイズ
　　1セット〜オール　10回
　　肘を90°にしたまま、上腕（肘上）
　　は体側に添うように上下させます。

⑦ ITGダンベルプレス

  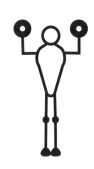 

⑧サイドダンベルプレス軽め
　　オールアウト

⑨バーベルフロントプレス
　　1セット〜オールアウト

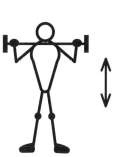 

⑩ベントアームシュラック
　　10回〜オール

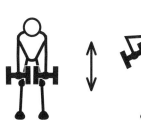

中級者～上級者パフォーマンス

その場ジャンプでの滞空時間を長くする方法

準備運動

1．膝屈伸2～3回→アキレス腱
　のストレッチ→2～3回

2．その場ジャンプを1～2回行っ
　て確認をします。（ビフォアー）
　空中での滞空姿勢は膝に注意

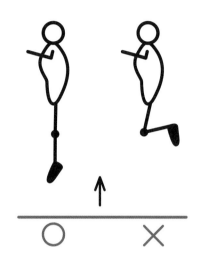

本番

①カーフレイズ 10～20回
　腰を少し引いたまま

②シングルカール左右各6回
　膝を壁か柱に当てたまま（固定する）

③壁か柱に背を当てたまま爪先をパタパタ
　（トゥレイズ）左右交互に各 10 回

④壁か柱に背を押し付けて
　踵が浮くのをこらえながら3秒

背を強く
押し当てる

⑤両手に5kg位のダンベルを持ち
　肘を90°に保ち、肩を5回上下
　（ショルダーシュラック）させる

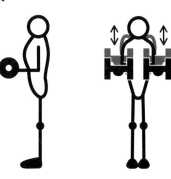

⑥その場ジャンプを1〜2回行って
　確認をします。（アフター）滞空
　時間が長くなっているのを感じ
　るはずです。

体重60kg

男子ボディビル～フィジーク 胸
自然体による共通点（胸下部のクッキリした厚み）

Aコース

①チューブクロス

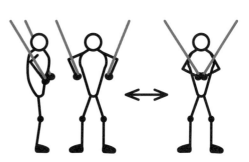

　　※脇を締めるように肘を後方に引
　　　いたままクロスする
　　※肩が前へ出ないように

②デップス

　　※重りは腰ではなく首に垂れ下げる
　　　ことで前傾になりやすくなります
　　※反復できる範囲で深く下ろす

①と②をスーパーセットで行うことで胸脇の厚みが増します

Bコース

①ケーブルクロス＆ローププレス

　　※左右のグリップと一緒に、握り幅65cmのロープを掴
　　　んでプレス～途中でロープだけを離し追い込みます

②※上記と逆パターンでパイプ椅子
　　　のロープを掴んで追い込む

　　※パートナーにロープを渡しても
　　　らうと尚良い

Aコース Bコースにプラスしてベンチプレスやダンベルプレスを組み合わせたスーパーセットでもOKです

わずか5分で最高のパンプが得られる
上腕二頭筋

1. ## チューブサムアップカール
   ※親指を上にする
   ※交互に20回＆両手一緒に10回

↑固定

2. ## 反対向きでアンダーグリップ
   （手のひらは正面に向ける）
   ※交互に20回＆両手一緒に10回

3. ## チューブサムアップカールに戻る

4. ## バーベルリバースカール
   ※シャフトは上から握る
   ※重量は軽め（15～20kg位）
   ※10回～20回位

5. ## バーベルカール
   ※重量は20～30kg位
   ※降ろす途中からシャフトを手首を使って
   　上に巻き込むように下げる。
   　ただしその際に肘は伸ばしきらずに反復。
   　（オールアウト）

6. ## チューブバイセップスカール
   ## A→B→A→C→B（オールアウト）
   A. 手のひらを下に向けて3秒休む
   B. 手のひらを正面に向けて肘が上下しないよう
   　　にカール（20回）
   C. 手のひらを左右平行（バイセップスポーズを
   　　するように）（20回）

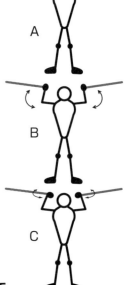

A

B

C

5 → 6 → 5 をスーパーセットで行うことで
最高のピークが得られます。

筋肉とは

　貴方の体でその手と足ほど貴方に従順なものはありません。その手と足を動かしているのは筋肉です。その筋肉こそ貴方自身なのです。強くするのも弱くするのも貴方次第なのです。また筋肉は個人の性格や特徴を表し人格そのものとも言えるでしょう。

　さて誰かが言っていました。筋肉は嘘はつかないと。

　しかし果たしてそうでしょうか。

　例えばトレーニングをあれだけ追い込んでパンパンになるまで毎日してたのに更に栄養も休養もしっかりとっていたはずなのに何故か今一つ反応してくれません。

　勿論、技術面とかタイミングなどもあるとは思いますが、それでも筋肉は嘘をつかないと言えるでしょうか。

　筋肉に騙されて一生棒に振ることもあります。

　身近なところでギックリ腰や四十肩、五十肩、軽い脳梗塞など同様に、既に患部は治っていてもあるポジションにくると痛みが走り治っていないと思い込み、見込み違いの治療やリハビリを続けている人も大勢いることでしょう。

　そこで筋肉側の立場から弁護をすると、これはある意味では防御反応とでも言いますか、貴方が同じ轍を踏まないよう警告を発していると思えばよいわけで、結局は貴方を守っていることになります。

　結論、私を治したければ貴方自身がギアをニュートラルに入れ替え、日常の動作やクセを改善する必要があるのですと筋肉から教わりました。

　その為のトレーニングがＩＴＧメソッドなのです。

私達自身を筋肉と皮膚は常に連携し合い外敵や
内的疾患から守ってくれています。

男子ボディビル（脚）

ボディビルダーは、やはり土台である下半身がしっかりと鍛え上げられていると安定感が増し、ポージングにおいても落ち着いて見えます。また、脚が太い分、血流量も多く、上半身にさえ影響を及ぼし、パンプ時の持続時間も長く保たれているような気がするのは私だけではないと思います。

さて、これより何通りかのITGメソッドの組み合わせを公開していきますが（プレートの付け足しや入れ替えは最小限にします）、勿論インターバルを短くするためにです。

【A】　　　　　　　　　　　　スクワットMAX100〜150位の方

1．ワイドスクワット　2セット…………　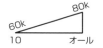

2．ランジ　1セット　60k　10〜

3．エクステンション　3セット…………　

4．ナロウスクワット　1セット　オール　60k

5．レッグカール　3セット………………　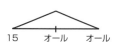

6．ランジ　1セット　オール　50k

7．ワイドスクワット　1セット　60k

8．ナロウスクワット　オール

【B】

1. ワイドスクワット　2セット…………

2. エクステンション　3セット…………

3. ナロウスクワット　2セット…………

4. エクステンション　1セット　オール

5. ナロウスクワット　2セット…………

6. レッグカール　3セット…………

7. ランジ　2セット………………………

8. ワイドスクワット　1セット　20回位

9. ナロウスクワット　1セット　20回位

10. カーフレイズ　オール

【C】

1. ナロウスクワット　3セット…………

2. エクステンション　5セット…………

3. ナロウスクワット　オール

4. ケトルベルナロウスクワット　オール

5. レッグカール　5セット…………

6. ランジ　オール

7. スティッフレッグドデッドリフト　10

8. ワイドスクワット　10〜

9. ナロウスクワット　オール

バックバイセップス

体脂肪率3％以下

男子ボディビル（背）

ボディビルダーの最も際立つ部位は何と言っても背中だろう。他のスポーツ選手でも胸や肩、腕はそこそこ見劣りしないくらいの発達を遂げてきてはいるが、背中ともなるとまさにボディビルダーの宝刀とも言える部位で、完全無比とはこのことでしょうね。

私自身も得意とするところでした。（自惚れです）

1. ワンハンドベントローイング　2セット…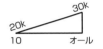

2. ワンハンドプーリーロー
　　1セット　オール

3. ベントオーバーケーブルローイング
　　　　　　ワイドバー　オール
　　　　　　グリップ　オール

4. ITG　V字　ハの字
　　ラットプルダウン
※引く時はグリップはV字、戻す
　時はハの字で、この時は巻き込
　みながら戻します。

5. ITG　オリバーラットプルダウン
※上半身は上記同様腹筋を締めながら背中を丸くして肘は垂直に引き下げ、戻す時は手首を巻き込みながら肘は伸ばしきらない。
※手幅は肩より少し広めで両肘を後方へ斜めに引かないこと。
※4・5をスーパーセットで行う。

Daddyイシカワが実践した
減量ストーリー（ボディビル〜フィジーク）

第1弾

ダイエット＝減量？ … 減量＝仕上げ？ … **ちょっと待て‼**
その前に頭を整理しておきましょう。

　スタイリッシュな流線型のレーシングカーは、速く走る為にだけ造られた車です。余分な物は一切省き、車重も軽くすると皆同じ様な型になります。車を軽く保つために燃料も走る分しか注ぎません。何か体重制限のあるボディビルダーと共通します。レーシングカーは速く走るために、ボディビルは逞しく美しく魅せるために、どちらも余分なものは省いて勝負に出ます。違いといえばマシンか生身かの違いだけです。しかし、マシンは計算通り限られた燃料で走り切りますが、生身はそうはいきません。カロリー計算で体重を落としても仕上げなければなりません。それも筋量を残したまま。ここで再度自分の特徴を知ることが大事です。体質、体型、運動の内容、癖など、経験のある人は何度も同じことを繰り返すものです。トレーニングも食事面においても（人は常に理性と本能の狭間で揺らいでいる）その人の癖が出てきます。それを克服することが一番の課題かと思います。

　そこで思いついたのが、俳優が役作りのために体を鍛えてマッチョになったり、あるいは太ったり痩せたりできる、それです。

数か月は、自分は本物のボディビルダー、日本一のボディビルダーの役を演じると思い込むこと。これは常に自分を客観的に感知しながらコントロールし、役を演じる方法です。ここでは微塵も自分の癖を出してはいけません。最後まで演じ切るのです。その上で一般論の減量食を摂取します。

ボディビルダーの皆さんは、ステージに立つまではボディビルダーの顔をなさっていますが、大会が終わった途端に真顔に戻っています。普段からビルダーの顔で演じてください。

| 私の減量期　82.5kg → 57kgまで |
| 1987年　5か月間 |

すべての乳製品と小麦食品は控えていました

食べる順番	食　品
①	・ミックス生野菜　3〜4種類 ・温野菜　少々
②	・ごはん　少々 ・半熟卵2個または肉類
③	・果物　少々

※トレーニング前（約50分前）　和菓子1個またはバナナ1本
※トレーニングは空腹で一気に行う（15〜20分程度）
※トレーニング直後にプロテインかアミノ酸、総合ビタミン＆ミネラル剤
※間食　プロテイン30g+バナナ1本
※トレーニング後60分以内に上記の食事を摂る
※トレーニング後2時間以内に睡眠（4時間以上）または仮眠（1〜2時間）

大雑把にはこんな感じの内容で減量しました。

Japan Bodybuilding '92 '97~'01 Flyweight Champion

アフター体脂肪率3％〜測定不能です。

Daddyイシカワが実践した
減量ストーリー（ボディビル〜フィジーク）

第2弾

ダイエット＝減量？ … 減量＝仕上げる？

　前回は1989年、ミスター宮城に向けて5か月の減量期間で82.5kgから57kgまで約25.5kg落とし、結果仕上がらずに9位という成績で大失敗に終わったことを記載しました。体重が落ちても仕上げることとはまた別の課題があることが分かったのは、翌年の1990年に行ったトレーニングと食事法です。

　まず第一に有酸素運動を一切やらなかった事、それで筋量が残り、より脂肪が落ちやすいのです。トレーニング時間も集中して、1回に1か所ずつ15分から20分内、日によっては小さな部分は早朝と午後からWスプリット、肩を早朝に行い、腕のどちらかを午後から、7時以降は時間をあけて、また大きな部位は夜に行ったり、その時のコンディションに応じて行ったと記憶しています。

　自分の中の原則としては、トレーニングは少し空腹状態で行い、トレーニングを終えたら栄養を摂取して1時間以内に仮眠をとる。これは早朝に限ってのこと。夜は就寝の2時間前位が私のゴールデンタイムとしていました。その結果が1990年の宮城の優勝に繋がったものと確信しています。

　ここまでが趣味によるものだったと思います。トレーニングを開始して既に10年も経って、35才でようやく県大会の花道を飾ったけど、これをきっかけにトレーニングの意義や価値観が変わり始めたのです。このことは後程記載するとして、体は、いや肉体は常に適応力を発揮しな

がら変化する。特に人間程個体差のある動物は見当たらない。同じトレーニングをしても成る人成らない人、栄養剤を飲んでも効く人効かない人。変化に応じた食べ方とトレーニングが、どんなにその時効くものであっても効かなくなる、というのが結論です。

　時間とともに変化するように、生き物は作られている。ただし、少しでも変えたければ刺激だけが最高の栄養だということです。

Daddyイシカワが実践した
減量ストーリー（ボディビル〜フィジーク）

ITGメソッドのまとめ_1

　ボディメイクを目的としたトレーニングにおいて、他のトレーニングと大きく違うところは、筋肉の伸張性を意識した、刺激を優先するトレーニングです。重量設定や反復回数、またはセット数なども効かせるための手段として捉えています。効いてオールアウトすることと、疲労によってオールアウトするのでは、本質的には違います。疲労していて効いているように感じるのは、筋肉の発達よりむしろ衰弱に近い。回復にも時間がかかるものです。効かせながら短時間でオールアウトに追い込むことで、体内の栄養素を無駄に消耗しないで回復と成長に廻します。また、過剰に食事を摂る必要もありません。必要と思われる分だけ補給すればよい。何よりトレーニングが好きな人はオーバーユースにならず毎日トレーニングができるのです。

　一日一部位というふうに、一番大事なことはオールアウトの感覚をつかむこと。質の高いオールアウトを身につけたなら、仕上げにも苦労はしません。減量期でも15〜20分の集中したトレーニングを終えた頃には、目はくぼむし、頬は痩けるぐらい変わります。

　でも正直言って、私も最初の頃はくしゃみや屁を一発こいても立ちくらみは普通でした。これではまずいと思い、トレーニング後は果汁割プロテインと間食にはおにぎりなどを持ち歩いて食べてエネルギーの枯渇を防いでいました。ただし、個人差があるので、一概にカロリー計算や食品の種類だけで決めることはできません。何より食べるタイミングや個人の体質に合ったものを摂取するとよいと思います。

ITGメソッド
効果の出る10分間筋トレの鍵

トレーニング

① 明確な目的を持つこと。(筋力かプロポーションか)
② 自分の体の特徴を理解し、自身に合ったトレーニングフォームを身につける。
③ 目的に沿ったトレーニングメニュー。(重さの設定や反復回数、頻度など)
④ プロポーションづくりの場合は動作中のスピードのコントロールを意識しましょう。

食　事

① 食事は個人の体質に合った物を節度をもって摂取する。
② 基本的には生野菜サラダを40%、タンパク質30%、炭水化物30%を分量の目安にするとよいでしょう。
③ 食事の間隔を開けすぎず、しかし食事は小腹が空いてから食べられるように1回の食事量を調整するとよい。

休　息

一部位のトレーニングの間隔は2日以上空けるのが望ましいが、基本的には筋肉の疲労が回復してから次のトレーニングを行うようにします。

タイミング

トレーニングと食事のタイミング、さらに休息の3つのバランスが何より大事で、それが成果に大きく影響を与えます。

Daddyイシカワが実践した
減量ストーリー（ボディビル～フィジーク）

第3弾

ダイエット＝減量？ … 減量＝仕上げる？

　今回も私のケーススタディですので、参考になるかどうかは気にしないで遠慮なく記載します。

　仕上げといえば、日光浴、タンニングです。ある程度皮下脂肪が落ちた状態からの日焼けは必須と言えます。具体的には、お腹の皮膚を指でつまんで1cm未満を切ったあたりから日焼け始めれば2か月位で仕上がるはずですが、勿論トレーニングと食事の内容によります。それと時期も関係します。一応経験則から5月～9月上旬までは問題なく結果が出ます。

　では、私の1998年、過去最高の仕上がり状態を、写真を見ながら読んで頂きます。写真はベトナムホーチミンでの撮影だったと思います。この時のタンニングはGYMで朝トレ3：30～30分、その後縦型タンニングマシンで**30分**、自宅へ戻り仮眠90分間、朝食後7：30～9：00外で日光浴**90分**間、15分のインターバル中にスイカを摂取、9：30～11：00日光浴**90分**、～13：00までGYM、20：00～夜のトレーニング15分、自宅に戻り夜食、21：30就寝。ですが、ここでまたタンニング、敷布団に設置したフェイス用6本ランプのタンニングはタイマーが**60分**で切れます。切れる時にすごい音がして、バッチンと切れる度に起き上がりランプに触れること度々でした。その度体勢を変えて焼き込みました。一晩に3回～4回（3時間～4時間）**180分～240分**です。起床は2：30、そしてGYMに向かい、掃除をしてから朝トレです。一日のタンニングは日光浴も含めて**450分**位でした。この方法でシーズンに入ると大会前1週間から10日位、10年間続けたのです。その結果が次の写真です。

1997年6月30日 体脂肪5％

1997年アジア大会（韓国）
仕上げの行程写真です。最終は体脂肪3％〜測定不能でした。

1997年2月3日 体脂肪14％

1997年アジア大会（韓国）　体脂肪率14％
ビフォアー1997年2月3日

ダイエットは常に本能と理性の狭間で揺らいでいる

減量

2008年7月22日

2008年2月1日

55

目的を達成するために

　人生最大の喜びは、何と言っても個性を生かし思い通り
に目的を達成することでしょう。その個性を大事にするに
は、他人とは違う価値観を持つ必要があるのではないかと
思います。軸がしっかり定まらないと、他人に振り回され
失速するコマのように、ぶつかりながら最後には倒れてし
まいます。そうならないためには、自分の中での優先順位
をしっかりと定め、努力の妨げにならない他人との付き合
い方が必要となります。更にある意味においては、孤独に
なることも必然で、目的を達成するには自分と向き合い集
中する時間が何よりも大切です。努力は他人に見せるもの
ではなく、そこに邪念などあってはいけません。演技では
ないからです。一歩ずつ目的に近づくごとに、今迄とは物
事の捉え方や考え方が変わってくることでしょう。当然何
をしたらどうなるかは他人に聞かなくてもわかってくるは
ずです。そうなる頃には的はずれなトレーニングやダイエ
ットからもおさらばできることでしょう。

下腹部

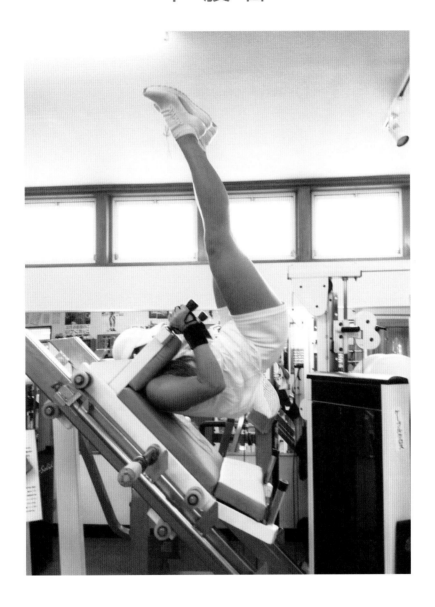

ITG
スーパーレッグレイズ

ITGメソッド
ボールニーレッグレイズ

フィットネスボール直径20cmを使用します。

①

立膝でボールを膝に挟む

②

膝を引く（10回以上）

③

尻まで持ち上げる（5回）

④

3秒間腰を上げる

（強化箇所）　内転筋　腸骨筋　腹直筋
　　　　　　腹斜筋　肩後部
　　　　　　上腕三頭筋
　　　　　　その他下垂した腸を引き上げる効果もある

男子ボディビル～フィジーク男女共通

この項では、すでにお腹周りの脂肪は落ちていることが前提です。

1. 倒立3～5秒

   （壁倒立でもよい）

   ※逆立ちから体幹を折り曲げて一旦しゃがみます。

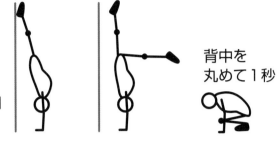

背中を
丸めて1秒

2. Ⓐニーアップボール

   垂直方向に
   上下
   （20回↗）

   Ⓑボールニースラスト

   膝を水平に
   引く
   （20回↗）

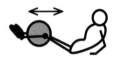

3. Ⓐシーテッドニーアップボール

   垂直方向に
   上下
   （20回↗）

   Ⓑシーテッドダンベルニースラスト

   斜め方向に引く
   （重り5～10kg）
   （10回↗）

4. デクラインシットアップ

   腕を少し
   斜め前方へ
   伸ばす

   腕を下に
   振りさげる
   ように起き上がる

5. クランチシットアップ

 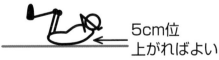

5cm位
上がればよい

※呼吸は浅く単発的に息を吐く

※腹筋は力を抜かず締めたままで反復を繰り返す

※特に戻す時は力を抜かないで引き伸ばすように肩を着ける

※反動は使わずに等速性で行う

ヒップアップ

ITG
リバースランジ

女子フィットネスビキニ・フィジーク
アウトラインづくり

ポイントとして、適度に発達した脚はヒップラインまですらりと伸びて脚線美を強調し、また細くくびれたウエストも鍛えぬいた背中と広背筋にまで広がります。更に胸郭の厚みと少し丸みを帯びた肩は力強さと安定感を感じさせて、全体的なフォルムを醸し出します。

１．下腿三頭筋（ふくらはぎ）

①柱かポールをつかみ

②柱の付け根から5cm離れた
　位置に立つ

③腰を少し後方へ引き、そのまま
　の姿勢で踵を上下させる
　※踵は床につけず、降ろす際に
　　は、指で枝を掴むように指先
　　が上がらないように注意しま
　　しょう。
　※スピードは等速性で、反復を
　　オールアウトまで繰り返す
　　（2〜3セット）

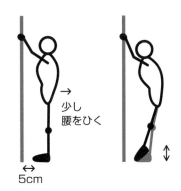

→少し
腰をひく

↔
5cm

腰をひいた状態で

↕

台を使用してもよい

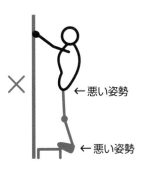

× ←悪い姿勢

←悪い姿勢

２．大腿部（ふともも）

脚が太すぎると感じている方は、脂肪なのか、むくみなのか、筋肉が発達しているのかを判断してから通常はトレーニングに入りますが、今回は中級者レベルを対象に説明します。

①サイクルで速く60秒間ウォームアップしてから、膝に軽くテーピングを巻いてスタートします。

②半歩スクワット
　片側20〜30回
　足を替えて同じ

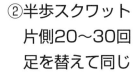

※後ろの足の踵は上げた状態でしゃがんだ時に両膝が揃う位置まで屈伸します

③レッグカール
　軽め高回数で3セット

10　　オール　オール

④ランジ
　3セット

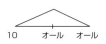
10　　オール　オール

※前膝が90°位になるまで下ろす
※足首より膝が前に出ないように反復

⑤レッグエクステンション
　3セット

15　　オール　オール

※上体を後傾させない

⑥ケトルベルナロウスクワット
　12kg位　オール

※爪先はすこし外に開き
　爪先の方向に膝も開く

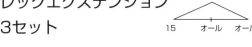

⑦バーベルワイドスクワット
　30〜40kg　20回位

7と8の間でハイパーバック

※厚さ4cm位の板を利用する

⑧バーベルナロウスクワット
　30kg　オール

※ハイパーバックエクステンションを10回することでナロウスクワットが軽くなります。

３．臀部（おしり）

何と言っても女性の後ろの顔はお尻です。そして鍛え方により変わりやすいのもお尻です。脚の後側、下からカーフ～ハムストリング～ヒップと一連に形を整え、更に余分な脂肪を削ぎ落とすことが目的です。

①ワイドスクワット
　２セット

　※足幅は肘を横に開いて、肘と肩幅の中間の位置下に。膝と爪先は45°方向で
　　やや出尻姿勢で膝が90°までしゃがみ込み反復（中臀筋と大臀筋）

②レッグカール
　３セット
　大腿二頭筋（ハムストリング）

③プランクキックバック
　片側20～30回（中臀筋・大臀筋）

④アンクルキックバック
　３kg位のウェイトを足首に巻いて
　片側20～30回

⑤シングルレッグレイズヒップリフト
　片側30～50回
　※立て膝で仰向けになり、片足を垂直に上げて
　　腰を上げながら足を水平まで振り下ろす

⑥ランジ
　前傾になりながら後方へ足を引く
　10～20kg位　各10回

⑦スティッフレッグドデッドリフト
　30kg位　10～15回
　※胸を張り、手幅は肩幅の位置で
　　バーベルを握り腰を引く
　※背は丸めないこと
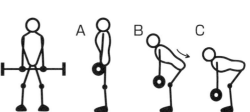

無駄のない筋トレの条件

　美ボディ筋トレにおいては、単に物体を押したり引いたりすることだけがトレーニングではなく、いかに目的とする筋肉部位に刺激を与えられるかが最大の鍵になります。そのためには当事者のトレーニングフォームの癖やメニューの組み合わせを綿密に検証して、無駄のないトレーニングを行うことが一番大事な条件になるかと思います。

下腹部とむくみ対策

ITG
Dengry Bench
デングリーベンチ 実用新案第3206522号

ITGオリジナル
デングリーベンチ

女性のプロポーション三大チェックポイントの一つ、ウェスト。特に下腹部は女性の一番の課題の部位だと思います。そこで、その原因は内臓の下垂によるものと判断して開発したエクササイズが逆立ちエクササイズ、文字通り倒立です。トレーニングの最初の準備運動で逆立ちエクササイズを行うことで、下腹部の出張りが減少したところで直ちにウェストベルトを着用します。それから本番のトレーニングに入ります。腹部の緊張を保ちながらトレーニングを終え、更に最後の腹筋の前に再度逆立ちを行います。ウォームアップと最後のクールダウンにITGデングリーベンチで逆立ちエクササイズを行うことで、下腹部の減少、下半身のむくみを改善することを目的とします。尚ITGデングリーベンチ逆立ちエクササイズは、美しく目映えのするトレーニングなので、競技性の高い運動として発展する可能性を持っています。

❶ 倒立

❷ 倒立前転

❸ 後転倒立

❹ ペダリング

❺ スクリュー

❻ シザース

❼ ジャックナイフホールド
Y字ジャックナイフホールド

❽ ドラゴンウイングホールド

❾ ブリッヂ

ITG
ワイドスクワット

ITG生涯スクワット健康法

　数多くの健康法を執筆されてきた野沢秀雄先生が、1999年に講談社から『スクワット超健康法』を出版されて以来、それがきっかけで全国的にスクワットブームが到来し、我々ジム経営者側から見ても、国民の健康意識が高まったのを感じておりました。さて、今回そのスクワットが時を経てさらに進化し、実用的なものになりました。それがITGバードスクワットというものです。

　スポーツ選手のパフォーマンスの向上は勿論のこと、腰や膝のリハビリなど、目的に応じて簡単な筋トレで効果は絶大なITG一押しのメソッドです。これは一人でもできますが、パートナーがいれば、より効率的に行えます。用具も、リハビリの場合は3〜5kgのアレイ1個、スポーツの補助の場合は10〜12kgの鉄アレイ1個だけです。トレーニング動作も従来のスクワットよりむずかしくありません。ここで従来のスクワットと大きく違うところを説明致します。

ITGバードスクワット

※ITGメソッド一押しです！　スポーツトレーナー必見

　脚のトレーニングと言えばスクワットが定番ですが、今回ご紹介するのは今迄のスタイルとは少し違うオールマイティ型のスーパースクワットです。これはスポーツ選手は勿論のこと、高齢者のロコモティブシンドロームに至るまで、幅広く安全に対応できるトレーニングです。これは私Daddyイシカワがオリンピック選手用に、特に陸上競技100m選手用として研究開発して来たメソッドです。東京オリンピック以前には完成されていましたが、コロナ禍や私自身の多忙さの中で機会が無く世に出せなかったメソッドだったのです。それが今では数種類のメソッドに分けて対処できるようになりました。今回はその一部を公開したいと思います。但し、お断りしておきますが、これは医療行為ではなく、ITGメソッドの機能回復トレーニングの一部だと認識して頂きたいと思います。本来なら写真やイラストでは正しく伝えられない部分もあります。よって直伝をモットーにしていますが、説明通り正しく行えれば、即効果があるので、本式にやってみたいと興味を持った方は、指導を受けるとよいでしょう。対応種類（短距離走100m）（ロコモティブシンドローム症候群）その他。

従来のスクワットとの違い

従来のスクワットは、ワイドスクワットとナロウスクワットの大きく2つに分けられます。

Ⓐ ワイドスクワット

Ⓑ ナロウスクワット

 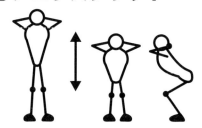

○ⒶⒷどちらも重直方の立ち上がり動作です。

○ⒶⒷどちらも背筋も同時に鍛えられる。

○Ⓐはふくらはぎはあまり使われない（小尻になる）。

○Ⓑはふくらはぎを使う。出尻状態でヒップアップ動作。

※陸上競技などには不向きな点もある。連動して背筋が強くなりすぎると前に走り出すスピードが抑制される人もいます。

※スクワットの効果は野沢先生の『スクワット超健康法』に記載されていますのでここでは除きます。

ITGバードスクワット

①腰痛の人

②スポーツの補助

スポーツの強化の場合は、補助者が受け取るまでは、上体は起こさない。
その後、直ちに軽く走ってチェックしてみましょう。

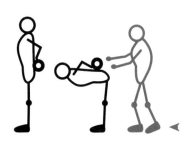 

足幅は腰幅、上半身は水平までとし、前屈（おじぎ）を5回、最後は水平で止めます。

水平のまま膝屈伸を10回

※最後は水平で止めて補助者が鉄アレイを受け取ります。

ITGニュートラルストレッチ
ITGバードスクワット（オールラウンドタイプ）

スポーツ競技の強化
歩行訓練前の予備運動

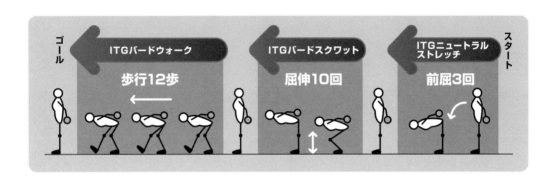

【対応例】ロコモティブシンドローム

目的や状態に応じて数種類のITGバードスクワットがあります。症状が出ていても、少しでも歩けるなら試してみる価値はあります。

超最新　ITGメソッド
陸上競技短距離走限定（100m走）

　たった10秒間足らずのITGバードスクワットで、下り坂を全力疾走するかのような走りを体感。もはや感覚的なものではなく事実がそうです。オリンピックには間に合わなかったことが残念でしたが、それを諸君で試して下さい。この本の最大の目的はこれがメインなのです。

　ここでは、これ以上の説明はしません。後は諸君の努力を天に委ねるしかありません。

　まだトレーニング界にも奇跡的なメソッドがいっぱいありますが、何千年の歴史のある漢方薬だって初めの頃は成分も分からないまま継承されて来ました。トレーニングにおいても、初めてのものはこれからしっかり解明されることでしょう。今は「こうすればこうなる」だけのことをとことん追求して行くつもりです。後の解析は専門家にお任せ致します。事実結果が全てですから。

回想

〜〜〜〜〜〜〜〜〜〜〜〜〜〜〜〜〜〜〜〜〜〜〜

2011年3月11日

　遂にやってきた東日本大震災直撃。大惨事とは正にこのことでした。しかし、今考えると震災は人知の及ぶところではありません。私はひたすら後片付けをしながら考えました。地震と戦争どちらが悲惨か。

　と言うのは、私の父は傷病軍人で、戦地で手首を飛ばされ帰還する途中で負傷した部分からウジ虫が湧いて、結局は上腕部から切断されたのです。その父と祖父は私に超スパルタ男の教育を施しました。愛情もまるで映画の世界です。祖父も父も本当に怖く、世間に甘く育てていることを恥とする。でも奥深い優しさが感じられる人でした。父は祖父に対しては絶対的な人でした。特に侍の親子関係のように見えていました。それを思い浮かべながら連日作業していました。

　ふとそこに一台の車がやって来たのです。道路はまだまだガレキの山です。車から降りて来た人は誰だか分かりませんでした。何か、あまり背丈は大きくはないけどガッチリしているのはすぐ分かりました。なんと現役時代に一緒に大会に出ていた（同じクラス）須藤高峰選手だったのです。4月2日、東京から車で手伝いに駆けつけてくれました。本当に驚きました。まだ報道陣も来ないような所へ、それと助手席に奥様もご一緒に。奥様は体調が悪そうだったので、大変申し訳なく思っておりました。私の今迄の中で一番の宝の瞬間でした。彼こそサムライビルダーです。須藤高峰選手、私は彼に負けました。脱帽です！

　これが、私の本当の仕事が始まったキッカケになったことは間違いないと思います。地震は止められないが戦争は止められる。地震より惨めなのが戦争です。
※右の人、現在ゴールドジム厚木にて人気トレーナーとして活躍しています。

防災体力づくり

　読者の皆さま、この本を読んで頂きありがとうございます。この機会を頂き、ちょっと過去に遡り、この筋トレが如何に大事なことか再認識してもらいたいと思います。

　最近の自然災害、コロナ禍、戦争、安全を脅かす脅威の中で不安な毎日を過ごしています。よく耳にするのが、防災訓練です。それは結構なことですが、防災体力訓練とか、体力テストとかいうのは聞いたこともないですね。人間同士が助け合って逃げるには体力が必要なのです。本当の意味での防災服は筋肉なのです。戦争や自然災害は人知の及ぶところではありません。自分の身は自分で、が最低限の事で、敢えて病気や怪我を招く行為は慎むこと、防災の要は我が身の動ける体、筋肉ということです。

　ITG語録『転ばぬ先の筋肉です』この事実を示す記事をご紹介します。

平成23年11月30日（水）読売新聞

　尚、水槽に50kgの体重の女性に服を着たまま入って頂いて、その上に力自慢の男性が水槽上から女性を引き上げられるかどうかのテストをしてみたらどうでしょうか。現実は流れのある津波ですから。

　その一部始終を義理の息子さんが泳ぎながら見ていたそうです。阿部さんはボディビルダーとしての気概とプライドを息子さんと奥様に示してくれたと思い、私も誇りに思っております。

美しいだけではなく
逞しいだけでもない

みんなが望む、役に立つ筋肉とは、
即ち動ける体です。
いざという時に使える筋肉こそ
最高の装備です。
「防災体力づくり」こそ、
今、もっとも必要なトレーニングで
はないでしょうか。

1 半歩ランジ　片側15〜20回×左右

手を腰にそえて足を前後に開き、前足のかかと付近に後足のつま先で立ち、膝は少し曲げた状態からスタート。後膝が90°になるまで下げ、フィニッシュも膝は少し曲げたまま反復を繰り返す。

2 ワイドスクワット　20〜30回

手を腰にそえて足幅は肩幅より少し広めに立ち、膝は伸ばし切らないで反復を繰り返す。スピードを一定に保つことが大事です。

3 カーフレイズ　〜かかとの上下運動〜　20回〜

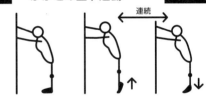

壁に手を着いて前傾になり、手で押したままかかとの上下運動を連続で20回〜。
一旦かかとを上げたら床につけないで反復を繰り返す。

4 プッシュアップ　〜腕立て伏せ〜　10〜20回×3セット位

3種類から無理のないものを選択します。

A: 足をそろえて(強)　B: 開脚(中)　C: 膝を折って(弱)

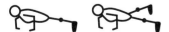

手幅は肩幅より広く、中指は平行、親指をハの字に手を着く、床に胸が近づくように下ろす。

5 シットアップ　〜腹筋強化〜　4種から選択して各数

A: クランチシットアップ　**B: フロアシットアップ**

膝を折り足首を組み息を吐きながら背を丸めるように10回

立膝で下腹に腕を組み息を吐きながら背を丸めるように力を入れて10回

C: ニーアップボール　**D: ニースラストボール**

空気ボールを膝下ではさみそのまま上に10〜20回上下させる

空気ボールを膝下ではさみ膝を手前に引く10〜20回

5年後、体重は59kg。　60才

東日本大震災復帰直後
体重は56kgまで減りました。　55才

体を鍛える義務

　今年で東日本大震災から12年目を迎えましたが、当時自衛隊員と消防隊員の方々の救助や復興作業などで活躍されている姿をテレビニュース等で何度も見る度に、私も力強いメッセージをもらっていた気がしました。

　彼らがジムで鍛えた体で存分に力を発揮していた姿を見ると、目頭が熱くなっていたものです。

　自衛隊の救助班Ｈ氏や消防のレスキュー隊のＡ氏も、いずれも先頭に立ち指揮をとっていたのを、とても誇りに思って見ていました。彼らが私に教えてくれたものは、やはり体を鍛えることは、自分だけではなくすべてを守るための要だということです。日夜訓練とさらなる高嶺を目指して頑張って頂きたいと思います。

Daddyイシカワ

夢は追わないと空想でおわる

2022年　IFBB プロビルダー　松坂勝敏選手

　松坂君は高校生時代から当ジムに通っていました。もう一人山内君と2人でボディビル県大会に出場。当時は高校生カテゴリーなどありません。勿論一般男子にエントリー。それがボディビルの初出場。山内君は野球部キャッチャーでしたが、途中で退部。松坂君はボート部。2人でジムでトレーニング談義をしていたと思います。それから大学へ通ってからも松坂君はジムに通っていました。電気関係が詳しく、よく助言してもらった事があり、そっちの方へ進むんだろうなとは思っていました。山内君も東京の大学へ進学して、よく私の大会には応援に駆けつけてくれました。2011年の震災時の再会に、ハワイから帰国した松坂君がジムに見舞いに立ち寄ってくれた時、体がそつがなく鍛えられていたので、続けていたんだねと聞いたら、ライフセーバーしながらハワイアンダンスをしていると話していました。それもプロのダンサーとして。帰国してから本格的に鍛え直してNBBA～IFBBと挑戦し、プロカード取得して2022年11月13日、プロデビュー戦となりました。33年で夢を叶えるなんて、やはり忙しい人間程集中力があり、ITGメソッドを活用できることを彼は立証してくれた1人です。とても誇りに思います。

何に命を懸けるか

　人間の生きなければならない本当の理由とは何か、果たして役割はあるのか、体づくりを通して学んだ命の真理を伝えたい。

　この地球上で人間ほど個体差のある動物は見あたらないだろう。しかし、その個体差こそが人間の持つ本当の強さでもあり、人間の存在理由とも思える。もし時代や環境、あるいは親や兄弟さえ選んで生まれてくると想定したなら、それは取リ返しのつかない現実です。もしすべてが偶然の成リ行きなら、生きるための目標や目的、それにともなう努力は必要なくなり、一生棚ボタ人生を期待しながら偶然死を迎えることになります。しかし実際は、必然的な営みのうちに人生の幕をひくのです。人は目的があってこの世に生まれてくる、それは個性の発揮でしょう。よって個人の持つ特性を生かせる環境に身を置くか、或いは自身で環境を整えるか、いずれも最良の生き方は、自作自演でかつ仕事や趣味を通して人に喜ばれ、さらに期待される人生を送ることです。命の使い方は人それぞれですが、生きるということは命を懸けるということ、全ての身体能力を使いきって一生を終えるということはまぎれもない事実かと思います。

筋肉に勝る
防災服はない

逃げるが勝ち

運動機能促進法
ITGニュートラルストレッチの摘要

1．腰痛
2．肩こり
3．筋肉痛
4．膝が重く感じる時
5．歩く速度が遅い
6．一時的に瞬発力を必要とする時
7．素早く筋肉疲労を取り除きたい時
8．膝が痛くて歩けない
9．四十肩　五十肩
10．脳梗塞の機能回復など

ニュートラルストレッチには上記以外にも適応する症例があり、それに応じた対策でニュートラルストレッチを活用するとよいでしよう。
ただし見様見真似で行うことは禁物です。

生兵法大怪我の元、じゃなく大恥の元です

ITGニュートラルストレッチ
原理と特徴

　目標とするストレッチ部位を直接伸ばすのではなく、拮抗する反対側の筋肉を一瞬数回だけ収縮させることで目標の筋肉はストレッチされます。

　しかしそのストレッチの目的と状況によって、やり方が異なります。例えばリハビリなのか或いはスポーツの競技中なのか、またはトレーニングの前か後かでもストレッチの方法は変わります。

　その他に一般的な肩こり、腰痛、筋肉痛などは、数分のITGニュートラルストレッチで解消した実例もあります。

　また四十肩、五十肩、或いは脳梗塞で腕が上がらない場合においても、粘り強く完璧に行うことで予想以上の早さで回復した実例もあります。

　いずれにしても、たかがストレッチとはいえ、ITGニュートラルストレッチは高度なテクニックとタイミングが必要です。故に指導方法は直伝をモットーにしています。

※通常のストレッチのような痛みは全く無いのが特徴です

ITGシーデッドボールクランチ腰痛対策

腰痛に劇的に対処

一口に腰痛と言っても多くの種類があり、原因も人それぞれです。ここで説明する方法は、主に長時間のデスクワークや中腰による作業などで、腰背筋の疲労からくる腰痛への対処法です。

ITGシーデッドボールクランチ

①準備運動　椅子に腰かけたまま行います

椅子にまたがったまま
ワイドスクワット
（20回）

②本番

A. 椅子に腰かけたまま、空気ボールを強く抱きかかえて膝に押し当てます（約3秒間）

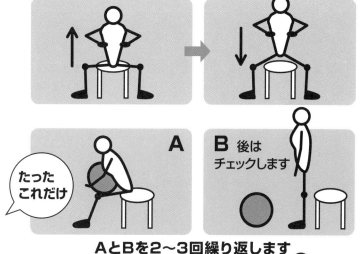

AとBを2〜3回繰り返します

③応用編

a. 足先を膝よりも少し前に出し、背中を丸め込むように手で太腿を押します（約3秒間）

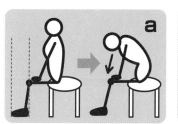

aとbを2〜3回繰り返します

急に肩に違和感が出て
腕が上がらなくなった場合

①チューブを使う方法

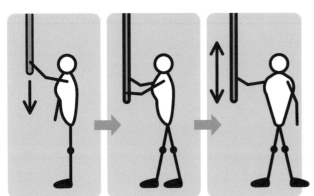

チューブを上からぶら下げ、それを使える方の手で引っぱった状態で、上がらない方の手でつかみます。

使える方の手を離し、チューブが戻ろうとする力を利用しながら、柔らかい動きで上下に引きます。

最初は腕の重みにまかせた状態で小さく上下させましょう。

②横になって行う方法

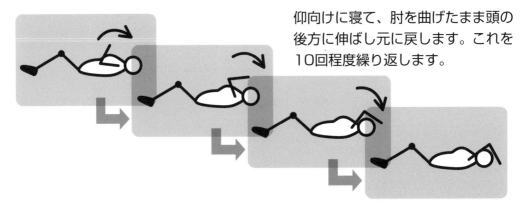

仰向けに寝て、肘を曲げたまま頭の後方に伸ばし元に戻します。これを10回程度繰り返します。

アプローチの方法は様々ありますが、その程度によって異なります。筋肉の裂傷や腱の断裂以外なら、<u>5分ほどで問題なく上がるようになる人</u><u>もいます。</u>

ITGニュートラルストレッチ

肩こり対策　リバースシュラッグ

慢性的な肩こり対処法

①肩の上げ下げを
　10回位繰り返します。

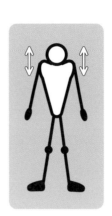

②肘を伸ばしたまま肩の力を抜き、
　首をすくめるように
　静かに腰を落とします。
　3回程繰り返せばOK!

椅子の肘あてを
利用してもOK

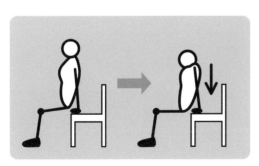

リバースシュラッグには様々な方法がありますが、きちんとできればこの2点で肩こりが解消される人もいます!

ITGメソッド　職場編
仕事の疲れを家庭に持ち帰らない
1分間のニュートラルストレッチ

腰痛対処法

★**長時間のデスクワークで
腰に違和感がある時に‼
車の運転でも応用できます！**

椅子に腰かけたまま膝の上にタオルかクッションをあて、その上から前傾になるように両手を強く押しあてて**3〜4**秒間キープ。これを**2〜3**回繰り返します。

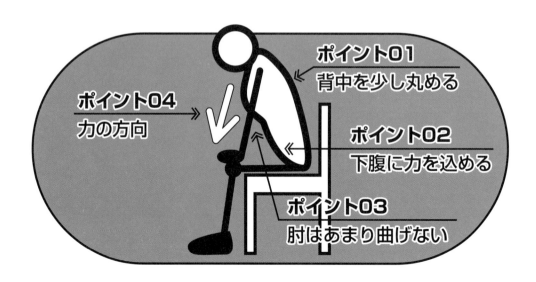

ポイント01
背中を少し丸める

ポイント04
力の方向

ポイント02
下腹に力を込める

ポイント03
肘はあまり曲げない

ITGメソッド　職場編

仕事の疲れを家庭に持ち帰らない
1分間のニュートラルストレッチ

下半身のむくみ対処法

★午後から夕方にかけて足にむくみが出てきて足が重たく感じた時に!!

START!

FINISH!

壁から**60**cm程離れた位置に立ち、壁に両手をついて踵（かかと）の上下運動（カーフレイズ）を**20**回程度行います

上半身を虚脱して（力を抜いて）背中を少し丸め、爪先を交互に上下する運動を**10**回程行い、その後**1**回だけ完全にしゃがみ込みます

チェック運動
足を片方ずつ上げてみます

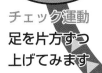

ポイント
腕だけでさするのではなく、肘をのばしたまま上体を起こすような動きでさすることが肝心

脚を開いて前傾になり、両手で足の片方ずつを足首→ふくらはぎ→太もも→足の付根までさすり上げます。
（各**1**回でOK）

ITGメソッド　職場編
仕事の疲れを家庭に持ち帰らない
1分間のニュートラルストレッチ
肩こり対処法

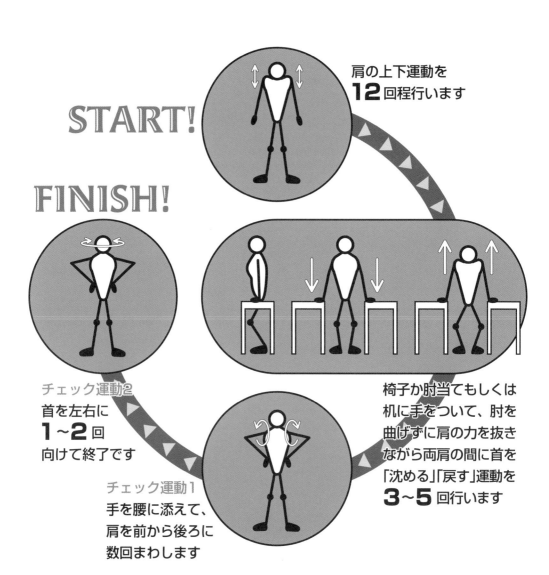

START!

FINISH!

肩の上下運動を
12回程行います

椅子か肘当てもしくは
机に手をついて、肘を
曲げずに肩の力を抜き
ながら両肩の間に首を
「沈める」「戻す」運動を
3〜5回行います

チェック運動2
首を左右に
1〜2回
向けて終了です

チェック運動1
手を腰に添えて、
肩を前から後ろに
数回まわします

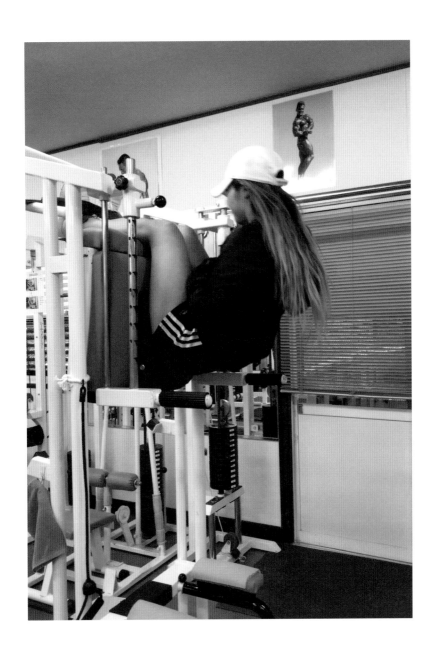

ITG
バーチカルシットアップ

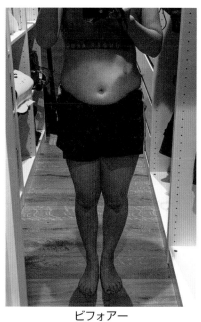

ビフォアー

寺川さん（38才）

ビフォアー
2022年5月開始・体重計48kg
週1回のトレーニング

アフター
2023年1月・体重計41kg
2023年2月より週2回のトレーニングに

アフター

ITGニーアップクランチ
下腹部の引き締め

事前の促進方法とあわせて
効果的に下腹部を引き締め

①**促進方法**　これを行ってから下腹部の引き締めを行うとより効果的です

椅子に前傾になって手をつき、つま先を交互にパタパタと動かします（10回）

肘を曲げずに膝だけ曲げてアキレス腱を伸ばします（1回）

膝を伸ばしたまま前傾になり、肘を曲げて太腿の後ろを伸ばします

ITGニーアップクランチ

②**本番**

A 椅子に腰かけ踵をくっつけてつま先をL字に開きます

B 膝を少し開きそのまま角度を変えないようにします

足先も垂直に持ち上げます

C 下腹部を意識しながら前傾になるように背を丸めて膝を真上に上げます

初心者：10〜20回×3セット　熟練者：20〜30回×3セット

フロアでもできます

膝の間に空気ボールを挟めばさらに本格的に

ITG
ハンギングシットアップ

1994年　三沢基地日米親善大会　優勝

脳梗塞でもあきらめない！
機能回復トレーニングのヒントは愛犬から

　私は三頭のラブラドールレトリバーを飼っていました。黒ラブのボブ、チョコラブのマリー、イエローラブのマックス。ボブとマリーが亡くなった後にイエローラブのマックスが残り、天国に旅立つまでの1年間に、私に教えてくれた新しいトレーニングのヒントをご紹介します。

　マックスは、2020年に脳梗塞で動けなくなり、春の予防接種の連絡が来たときには、立つこともできない状態でした。数年前までは3頭いたので、獣医さんに自宅まで来て頂き、「石川さん今年は接種しなくていいね」というので、後どれくらいですかと尋ねたら、「そうだね、梅雨時までは無理かな」と診断された。私も、症状が症状だけに、その答えは分かっていたつもりだったが、「そうですか」と言った途端、目頭が潤んで涙をこらえるのが精一杯だった。

　獣医の先生が帰ってから、マックスの入っているサークルを掃除しようと思い、マックスを移動させる方法を考えた。寝たきり状態で引っぱるのも痛いだろうしな。体重は少しやせても35kg位はある。そして思いついたのは、バスタオルを少し広げて胴体につつみ宙吊りにして移動する以外ないと考えた。思いの外重くてちょっとずつしか移動できなかったが何とか成功した。そんなことを2〜3日繰り返しているうちに、マックスの顔の表情が変わってきて、私の目を見るようになった。次に何をされるかが分かっているように、自分から胴体を持ち上げようとしている。タオルにすんなり入って、持ち上げるのも楽になった。

　それからまた2〜3日経って奇跡が起きた。マックスをいつも通り、宙吊りにした時だった。脚をバタつかせて床を歩くような動きをみせた。思わず「マックス、すごい！」と声をかけた。宙吊りから静かに床に足が着くように降ろした。すると、歩けたのです。2〜3歩でしたが。まだ

全体重は支えられないが、私は確信した。「マックス、お前歩けるぞ！」1か月が経過した頃は、自宅のドッグフィールドを横歩きになったり、5〜6歩で転倒したりしながらも散歩ができるまで回復したのですが、翌年2021年1月に余命を全うし、天国に旅立ってしまうのです。いつもニコニコして、やんちゃなマックス君、ありがとう。。。

※マックスから学んだヒント

　脳梗塞は症状からくるショックで筋肉が緊張したまま自らの機能を拘束させてしまう。回復させるには筋肉と心の緊張を緩和させること。ニュートラルストレッチと運動を同時にタイミングよく行う必要がある。当事者は頑張りは禁物。やりすぎは悪い!!　ながら運動でよいという結論です。

※注意

　万歩計を持って何千歩とか歩いていますが、脳梗塞の方は歩くのが目的になってしまい、悪い癖のまま筋肉が緊張して、益々歩きづらくなってきます。勿論個人差はありますが。

脳梗塞の方のトレーニング
《成功実例》

　男性Ａ氏。現在68歳。GSスタンド経営。2019年11月14日（木）にジムに入会。Ａ氏は障害者用の軽自動車で来られています。

　障害認定は2級です。初めてジムに来られた時には、片足を引きずって杖を使用していました。パイプ椅子から立ち上がるのも苦労しておりました。片腕（右）も水平まで上がりません。無論、手指は握ったまま開きませんでした。この状態からトレーニングを始めました。

　こちらの都合で週2回の内1回の所要時間は15分程度です。まず立ち上がり運動と歩行訓練から始めます。勿論、自宅でできるものを中心としたトレーニングです。約2か月位でクリアでき、次は右腕肩が垂直に上がるように訓練し、最終的には両手でバンザイができるまでになりました。これも2か月位です。

　次はいよいよ難関の指です。医者は無理なことは知っているようで、指の事はあまり問診では聞いてこなかったそうです。

　それでも今は6割ぐらいは開いてきています。年内中に拍手ができるかと思っています。ここまでが約10か月はかかっていますが、週2回だけと考えればもっと早く回復させる可能性はあります。

　Ａ氏と同じレベルの人達が東日本大震災の前に3人来ていました。2人は仕事をするまで回復したのですが、2人共津波で亡くなったと聞きました。とても残念です。今はＡ氏のほかに1人83才の男性が頑張っています。この方はＡ氏より3か月早く入会されて、足首に補助具をつけて杖をついての入会でした。原因は何を言っているのかよく分かりませんが、脳梗塞の人の病状だと思います。奥様が車で送迎していました。奥様は「手術をしたんです」と言うのですが、現在は自分で車を運転し、ジムに来る前にバッティングセンターで（ゴルフ）200本打ってから来ているそうです。

いずれの方も筋肉を鍛える以前に、運動機能を取り戻す事が先で、筋トレでは逆効果なのです。またストレッチも筋トレ同様筋肉を痛めてしまう可能性があるので注意が必要です。

　個人の特徴を見極めた上で、それに応じた多様なアプローチで地味に取り組むことが大事です。

ITG流
脳梗塞によるトレーニング開始前の
チェックポイント

『肩』

腕がどこまであげられるか？（直立状態）

- ☐ 1. 全く上がらない
- ☐ 2. 水平まで上げられる
- ☐ 3. 頭の位置まで上げられる
- ☐ 4. ほぼ垂直まで上げられる

腕がどこまであげられるか？（仰向け）

- ☐ 1. 全く上がらない
- ☐ 2. 45度くらいまで上がる
- ☐ 3. 垂直まで上げられる
- ☐ 4. 頭より後方へ上がる

『肘』

- ☐ 1. 全く曲げられない
- ☐ 2. 90度くらいまで曲げられる
- ☐ 3. 腕を下げた状態で内と外に捻ることが出来る
- ☐ 4. 手首の曲げ伸ばしが出来る
- ☐ 5. 指と手のひらを開くことが出来る

『脚』

- ☐ 1. つま先が全く上がらない
- ☐ 2. 指は動く（親指）
- ☐ 3. 片脚で立っていられる（3秒以上）
- ☐ 4. 杖を使って歩くことが出来る
- ☐ 5. 杖なしで歩くことが出来る
- ☐ 6. 椅子から立ち上がれる

チェック項目2以降であれば半年くらいでかなり改善される可能性がありますが、個人差もあるので一概には言えません。

Daddyイシカワ語録

常識も所変われば偏見になる

ポスター

ITGメソッドのまとめ_2

　機能回復を目的としたトレーニングでは、実際にはトレーニングをしていないようで、しているというのが理想なのです。合間にストレッチ種目を巧みに入れて、決して追い込むようなことは厳禁です。とくに脳梗塞の方は注意しなくてはいけません。とかくトレーナーはスポーツ経験のある人が多いようですが、スポーツの筋トレとは真逆です。機能回復訓練の最大の目的は、運動機能を取り戻すことにあり、トレーニングによって何kg持ち上げたとか引いたとかは逆効果になる可能性も出て来ます。運動機能を制限している原因の見極めが大事です。筋肉が硬くなったり緊張したりするのを、ほぐす必要がある場合はそれを優先すべきです。だからといって、いきなりストレッチさせたり、指圧を加えたマッサージなどもおすすめできません。脳梗塞の方は特に焦らせたり、頑張れとか、プレッシャーを与えないでリラックスさせた状態での、ながら運動として指導するのが一番です。鏡を見ながら行うのも良いでしょう。

　私が今迄見てきた会員で自分の無能さを感じたのは、ALSの会員が入会されて1年間指導した時でした。世の中にこんな酷い病気がある。それも最初は言葉が少ししゃべりにくいかな。それと片手が上がりにくいぐらいでしたが、5か月目ぐらいから、一気に進行が早くなり、顔を正面に

向けていることが大変になりました。自分の手で持ち上げて正面を向かせる。片手もほとんど上がらない。言葉はほとんどしゃべれない状態にまでなったのです。本当にあの時ばかりは、世界中のALSの患者さんのため、一刻も早く新薬の完成を願っております。

ITGオリジナル三大マシン_その1

非介助補助運動機器 スーパーゆりかごマシン
（立ち上がり運動促進補助）

　事故や怪我などの後遺症で、立ち上がる力を低下させた、または弱くなった人のトレーニングマシン。松葉杖や歩行器、あるいは車椅子の人をこのマシンに横たわらせて、ステップに足を乗せてロックを解除すると、身体が背もたれごと水平に傾き、そこで足でステップを踏み込むと、身体を乗せた背もたれごと身体が起き上がるという仕組みです。

【事例】

　当時85才になるご婦人が転倒して胸骨を骨折。しばらくしてからジムに娘さん2人に支えられて入ってこられたと記憶しています。勿論、その段階ではコルセットや杖は離せません。そこで私はスーパーゆりかごマシンを考案し、手造りで2か月で完成させました。やはり思っていた以上の効果があり、動きも良く、1か月でコルセットをはずし、杖も外出する時以外は必要なくなりました。その後、体力を維持するために10年間95才までジムに通って頂きました。それからはご自宅で何事もなく元気で101才まで過ごされ、家族に見守られて天寿を全うされたのです。そのトレーニングしている姿を地元の新聞で紹介されました。

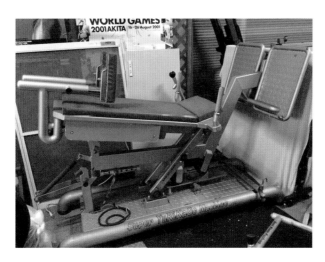

85歳女性がジム通い

矢本町の大柳さん　リハビリと体力づくりで

筋肉美を作ることだけが筋力トレーニングの目的ではない―。それを証明してくれるのが、矢本町大曲にあるISHIKAWAトレーニングジム（石川栄一オーナー）に通う同町赤井の大柳さよ子さん（八五）のケース。

高齢者のジムトレーニングは転倒防止策として介護保険の適用となるため、世間的にも注目されているが、大柳さんの場合はまた別。大柳さんは昨年一月に自宅で転倒し、背骨を圧迫骨折する災難に見舞われた。出歩くことが趣味だった大柳さんは、その事故のショックから、不眠、食欲不振、うつ病の症状を患った。家族からは一時精神科に通うようにすすめられたものの、大柳さん自らジムに通うことを思いついたという。大柳さんは転倒から二か月後、リハビリを兼ねてジム通いを始め、「体重は元に戻ったのですが、服のサイズは縮んだんですよ。O脚も矯正されてますし」と元気に話す。

同ジムには二十台以上のトレーニングマシンがあるが、ほぼ全て、人間の筋肉の仕組みを熟知した石川オーナーが製作したもの。最近では、大柳さんのために作られたといっても過言ではない、高齢者のためのマシンも備えている。石川さんは「中高年になったら、自分の健康と体力に責任を持ち、努力するべき。大柳さんは良い見本です」と高齢者を積極的に受け入れる姿勢である。

> 大柳さんはジムに通い健康を保っている

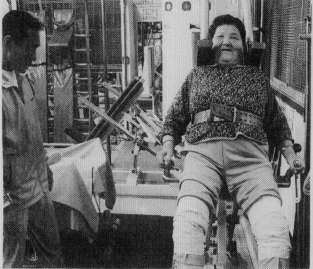

ITGオリジナル三大マシン_その2

可変抵抗式運動機器　ライジングマシンⅡ

メイントレーニング種目
□レッグプレス　□チェストプレス
□ハックスクワット　□シーテッドローイング

　従来のトレーニング器具の負荷調整はプレートの付け足しが主でしたが、ライジングマシーンは座席部分と自体重が加わった重さで本体の軸となる柱に凸があり、歯車をジャッキアップと同じ原理で補助者がハンドルを回し上下させ、本体の傾斜を変えながら負荷調整するという画期的なものです。更に補助者の部分を電動式にして回し、トレーニングしながら手元のグリップにスイッチを付け、自分で動作中に上下に傾斜を変えながら追い込む企画でしたが、あの東日本大震災で企画は停止、そのままの状態で倉庫に保管してあります。その後はITGメソッドの体系化に力を注いで現在に至ります。手動式のライジングマシンは、ジムで2年程使い、震災前に移動しておいたのが幸いしました。スーパーゆりかごも無事です。

平成14年5月25日（土）石巻かほく

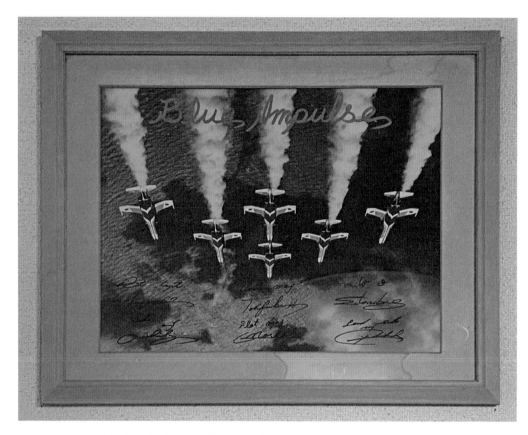

講師として招かれた時の記念に頂いた
東松島基地パイロット教官達　直筆サイン入り写真

ITGメソッドの願い
体づくりと専守防衛論

　私の体づくりを通して気づかされた専守防衛論とは、筋力トレーニングと相通ずるものがあります。筋力はトレーニングを怠れば低下します。いつ使うとも知れない筋力を維持するには、常に緊張感を保ち、油断しない心でいなければなりません。これが日常的に習慣化されることが大事です。自然界で生きる動物達はあえて鍛えることはしませんが、常に緊張感を保ち、外敵から身を守っています。それがあたりまえの生き方ですから。

　現代社会においては、人間が弱体化する方向へと発展してきました。その反動がおそらくコロナ禍や戦争を生みだしたのではないかと私は感じています。好きな物をいくら食べても太らないサプリメントや難民救済、貧困飢餓支援などの報道の後に食べ歩きめぐりなど、何とも無節操なテレビ番組ばかりです。一番目を疑うのは国会中継です。クールビズでネクタイをはずして専守防衛論。町内会の集まりじゃないだろう、と思わず言いたくなります。世界中がインターネットやテレビ等で視聴しています。これが江戸時代だったら城中に参上するのに裃と袴は常識です。日本の武士道精神や謙譲の美徳は消え去った。一昨日のテレビニュースでも現役総理が迷彩服を着て戦車に乗り込んで手を振っている姿が映っていました。何と浅ましい限りでした。何のアピールなのか言葉が耳に入って来ませんでした。

　本当の専守防衛のヒントは、やはり昔の名雄達がしっかり残しています。先ず塚原卜伝の無手勝流（戦わずして勝つ）。これは映画の『燃えよドラゴン』でブルース・リーがつかっていました。ブルース・リーはどちらかと言うと反日派だったはずですが、しっかり日本の武術書を読んでいました。後は植芝盛平、合気道の創始、巨漢の大男3〜4人を一瞬で投げとばす。更に、柔道の三船久蔵の真空投げなど、外国人は見ただけ

で感化され、入門し、技術を学んでいる様子を今でもネット等で見られます。

　相手の力を利用して倒すが決して殺しはしない。これが専守防衛の大義ではないかと思っていましたが、現実的にはどんな理由があるにせよ、反撃すれば戦争になることは明白、戦争はスポーツではなくルールも何もない惨劇です。中途半端な力では収めることはできません。上記の武人達は、おそらく相手の3倍以上の戦術能力があると私は感じています。たとえて言うなら、大人と子供がボクシングのスパーリングをするのと同じで、子供が本気で打ち込んできても大人は躱すだけです。これが本当の専守防衛なのです。

　今の日本にはその力があるとは思えません。戦争はゲームではないからです。絶対武器の供与はやめるべきです。戦争に加担して代理戦争になります。挑発する行為であることは子供でも分かること。

　今私達日本人ができることは、贅沢をつつしんで本当の健康体力を養うことです。好きな物をたらふく食って自爆する必要など全くありません。日本人の本来の持っている強さは誰よりも平和を愛し、物事を粛々と成し遂げる民族なのです。派手ではないが、エキセントリックな強さ、個性的な能力を発揮できる、或いはウェイトトレーニングで言い換えるなら、ウェイトをを挙げる力より支えながら降ろす力が優れている。私はここで精神的な強さと優しさが身に付くものと考えます。相手を押し倒してまで前へ進もうなどと考える民族ではないと思います。

【結論】
　専守防衛は緻密な外交努力しか道はないものと断言します。謙譲の美徳を忘れず、体を鍛えて、誇示することなく、したたかに生きていくことがITGメソッドの願いです。

2021年7月16日　8：24　ジムの上空
ブルーインパルスがオリンピックに向けて飛行訓練

Daddyイシカワの独り言

　近頃は「くさい」のが多い。それに引き換え「らしい」のが少なくなくなった。齢を重ねると益々「くささ」が目につく。「らしさ」は何と言っても清潔感がある。昔は自分もバギーパンツにラグトップで「くささ」を丸出しで歩いていた。「玉乗りですか〜？」と聞こえてきそうなぐらい。今思うと赤面だ。どの分野においても「くささ」は嫌われるし、「らしさ」は好感度である。とかくボディビルダーは文字通り"裸の王様"になりやすいので要注意だ。ちなみに自分はその仕上げた肉体をスーツで纏う奴がカッコイイと思う。007のダニエル・クレイグのようなシブい奴。日本刀の鋭い切れ味を感じさせる肉体にサラリとスーツを纏う、それが男の美学だと思うのは自分だけかな？

※仕事でもトレーニングでもとことん追求し追い込め。その夢中になっている時が男の教養が身に付く時だ。いつも真剣勝負。それが生きている証拠だ。

豊かな個性を謳歌する

　人は、生まれ育った環境で生きていきますが、そこに1つ「筋トレ」を加えたらどうなるか、健康で逞しく、更に美しさを保ちながら歳を重ねていけるはずです。早い段階において自己の存在意義や価値観にも目覚め、出会いや運命にまで影響を及ぼすことは間違いありません。時には多くの人達に夢や希望を与えたりします。私達はその羅針盤になることが最大の生き甲斐です。

出会いときっかけ

　私がこの業界に入ったきっかけは、やはりボディビルですが、大元は事故による術後のリハビリです。大腿骨の開放骨折による術後の後遺症で膝が90度までしか曲がらなくなりました。走ることはできましたが、筋肉量も筋力も人並み以下だったため、病院ではなく思い切って自衛隊で鍛え直そうと、多賀城駐屯地の第1教育連隊に入隊。前期〜後期を終えて東北方面第305野整備隊に配属されました。定期的な体力検定で2級を取れましたが、まだ膝は完全に曲がりませんでしたし、バーベル運動もこの時点ではしていません。一任期を終えて予備兵となり、上京して体操クラブのコーチに。土・日は後楽園の場外馬券売り場で警備のバイトをしていました。ここで運命の彼と出会うのです。同じバイト仲間で国士舘大学の三年生、歳も同じ、前川雅弘君です。

　彼は筋トレが得意で、国立競技場のジムにも連れていってもらいました。後から前川君に言わずにこっそり一人で行って、7時間くらいサーキットやジョギングをしていた時もありました。すっかりトレーニングらしきものに魅了されたのです。もちろんボディビルダーになる決意など全くしていませんでしたが、テレビで見ていたためヘラクレス（スティーブ・リーブス）は知っていましたし、ブルー

ス・リーは一番の憧れでした。後々、ランボーやロッキーのスタローンやシュワルツェネッガーなども出てきました。

　ある日前川君が「石川、今度講習会に付き合えや」と言ってきました。「何の？」「健康体力研究所というところのセミナーみたいなものだ」「何か怪しいな……」そう思いながらも好奇心からOKする私。「ミスターユニバースのチャンピオンがゲストで来るらしいんだ」「ビルダーか」

　実はこの時、調布に下宿しており、銭湯に行く途中にジムがありました。そこのビルダーっぽい人達にしょっちゅう声をかけられる日々。「おい兄ちゃん、いいふくらはぎしているな、ジムやってみないか」などとほぼ毎回なので、遠回りして銭湯に行ったり、ジムの前を走って通り過ぎたりと面倒くさい時期でした。心の中で何がビルダーだ、ただのデブじゃないか、と呟いていたくらいです。

　健体の講習会の当日、少し緊張しながら前川君の後をついていきました。中に入ると妙に卵臭かったのを覚えています。正直なところ、ゲストポーザーが紹介されるまで話は全く聞いていませんでした。しかし、お待ちかねの須藤孝三選手登場ですとコールされた瞬間、教壇のようなステージが一変して、ライティングの後、名曲アフリカンシンフォニーが鳴り響き、須藤選手が現れました。

　私の口は半開きになっていたはずです。「凄い」「カッコいい」を頭の中で連発しました。何か顔立ちがブルース・

リーのようであり、大きいとか小さいとかではない全く別次元の存在を見ている感じがしました。やはり調布のビルダー達はニセモノだったなと勝手に思い込んでしまいました（すみません）。オーラを放っているとはこのことだなと悟った瞬間でした。この動揺を前川君に知られたらカッコワリぃなと冷静さを保つのが精一杯。私の薄っぺらな胸にこの一撃を押し込め、一年後に帰郷しました。そして、とりあえず町の体育館の一部を無料で借りて、週2回子供体操クラブを開設したのです。

　体操クラブは三年間続けましたが、人数が足りずに閉鎖。田舎ですから、どうしても塾通いの方を優先してしまいます。仕方のないことです。

　筋トレはすぐ始めていたため、自分としてはすぐに大会に出てやろうと思っていました。でも、とりあえず県大会を見にいくことに。

　そして仙台ダイエービルの何階かでミスター宮城が開催。ゲストポーザーは榎本正司さん。これが二度目の衝撃でした。カッコよすぎる。選手の方は全然見ていません。このことが翌年、最高で最悪の事態につながります。

　3回目の衝撃。初出場、仙台市民会館大ホール。宮城と同時開催がミスターアポロ（現ジャパンオープン）で、宮城の上位5名がアポロに進出します。これで5位に入賞してしまいました。この時4位だったのは、あのバイセップス

マン高橋君です。この時点でも私はまだ、体毛の処理をしていないことに気付いていませんでした。さらにポージングも当日、横目で他の選手の真似をしながら行っていました。ポーズを分かっていないため、全てにおいてワンテンポ遅れていたのです。気付いた時にはもう手遅れ。でもゲストポーザーは朝生照雄さんでした。すばらしいボディビルダーをあれほど間近で見ることができたのですから、全てチャラにしたいと思ったものです。後々朝生さんにはアジア大会などで大変お世話になりました。ありがとうございました。このミスターアポロで優勝したのは、あの男前の栗井直樹さんです。度重なるショックと悔しさが私の出会いと出発点になりました。これも私の大切な経験です。

　読者の皆様、長々とすみませんでした。

感謝の気持ち

　2023年で、東日本大震災から早くも12年目です。当時は当ジムも甚大な被害を受けました。その際にJBBF関係者の皆様から厚いご支援を賜り、5か月足らずで復旧できたことを、この場を借りて改めて感謝いたします。

　また本書は、元健康体力研究所代表の野沢秀雄先生の後押しがあってこそ出版できました。深くお礼を申し上げます。

　野沢先生自らジムに足を運んでいただき、トレーニングを見聞されたことにより、私の自信が確信になりました。野沢先生の率いる健康体力研究所がなかったら、どれだけのトップビルダーが埋もれていたことでしょうか。

　この業界に多大なる影響を与え、かつ献身してこられた野沢先生こそ、誰もが認める第一人者です。末永く元気でご活躍されますよう心より願っております。今後共ご指導のほどよろしくお願いいたします。

　最後にITGメソッドのテストトレーニングにご協力いただいた多くの有志、並びに他からお越しのビジターの皆様にも感謝を申し上げます。

　すべての方々のご健康とご多幸をお祈りし、ペンを置きます。

2023　初春　Daddyイシカワ

あとがき

　初めて本を出版するにあたって一番とまどいを感じたのは、トレーニングの成果をストレートに表現できないことでした。(コンプライアンスがあり)、例えば回復します、治ります、向上します、改善しますなど、ごく日常的な言葉が使えず、トレーニング現場で起きている事実を直接読者に伝えられないもどかしさがありました。対処できます、対応できますなど、オブラートに包んだような説得力に欠ける表現を使わざるを得ませんでした。

　現在も現場での指導体制は変えていません。ゆえに気付きと技術に関しては、どの箇所のトレーニングであっても一冊の本になるくらい奥深くなってきています。日々数多くの会員様の要望と課題に取り組んできた結果が、本書に反映されています。

　これからの皆様のトレーニングのお役に立てば幸いです。

　最後になりますが、本の出版にあたって後押しを頂きました野沢秀雄先生が今春令和5年4月21日に永眠されました。とても残念に思います。当ジムに数回に渡りお越し頂き、脳梗塞トレーニング、ITGバードスクワットやニュートラルストレッチ、デングリーベンチ体操などをご見聞されて目を丸くして驚いていたのが、昨日のことのように思い浮かびます。この本の出版をとても楽しみにされていました。心より哀悼の意を表します。

著者紹介

プロフィール

石川栄一（いしかわ えいいち）
ボディビルダー

- 1956年　宮城県生まれ
- 1987年　宮城県東松島市に
　　　　　トレーニングGYM開設

★日本ボディビル連盟公認指導員・審査員
★フィットネス審査員

ボディビル大会経歴

国内選手権

1990年	ミスター宮城優勝
1992年	世界的・アジア日本代表60kg級優勝
1995年	東北・北海道選手権優勝
1997年	日本クラス別選手権60kg級優勝
1998年	日本クラス別選手権60kg級優勝
1999年	日本クラス別選手権60kg級優勝
2000年	日本クラス別選手権60kg級優勝
2001年	日本クラス別選手権60kg級優勝（5連覇）

アジア選手権

1992年	5位（インドネシア）
1997年	5位（韓国）
1998年	4位（ベトナム）
1999年	5位（台湾）
2000年	4位（香港）

世界選手権

| 2001年 | ワールドゲームス出場 |

ISHIKAWA トレーニングジム

Daddyイシカワ語録

結果を出さない者ほど
努力を自慢する

Daddy イシカワの身体づくりトレーニング
～健康と容姿・見た目が一番です～

2024年5月15日　初版第1刷発行

著　者　石川栄一
発行者　谷村勇輔
発行所　ブイツーソリューション
　　　　〒466-0848 名古屋市昭和区長戸町4-40
　　　　TEL：052-799-7391 / FAX：052-799-7984
発売元　星雲社（共同出版社・流通責任出版社）
　　　　〒112-0005 東京都文京区水道1-3-30
　　　　TEL：03-3868-3275 / FAX：03-3868-6588
印刷所　シナノパブリッシングプレス